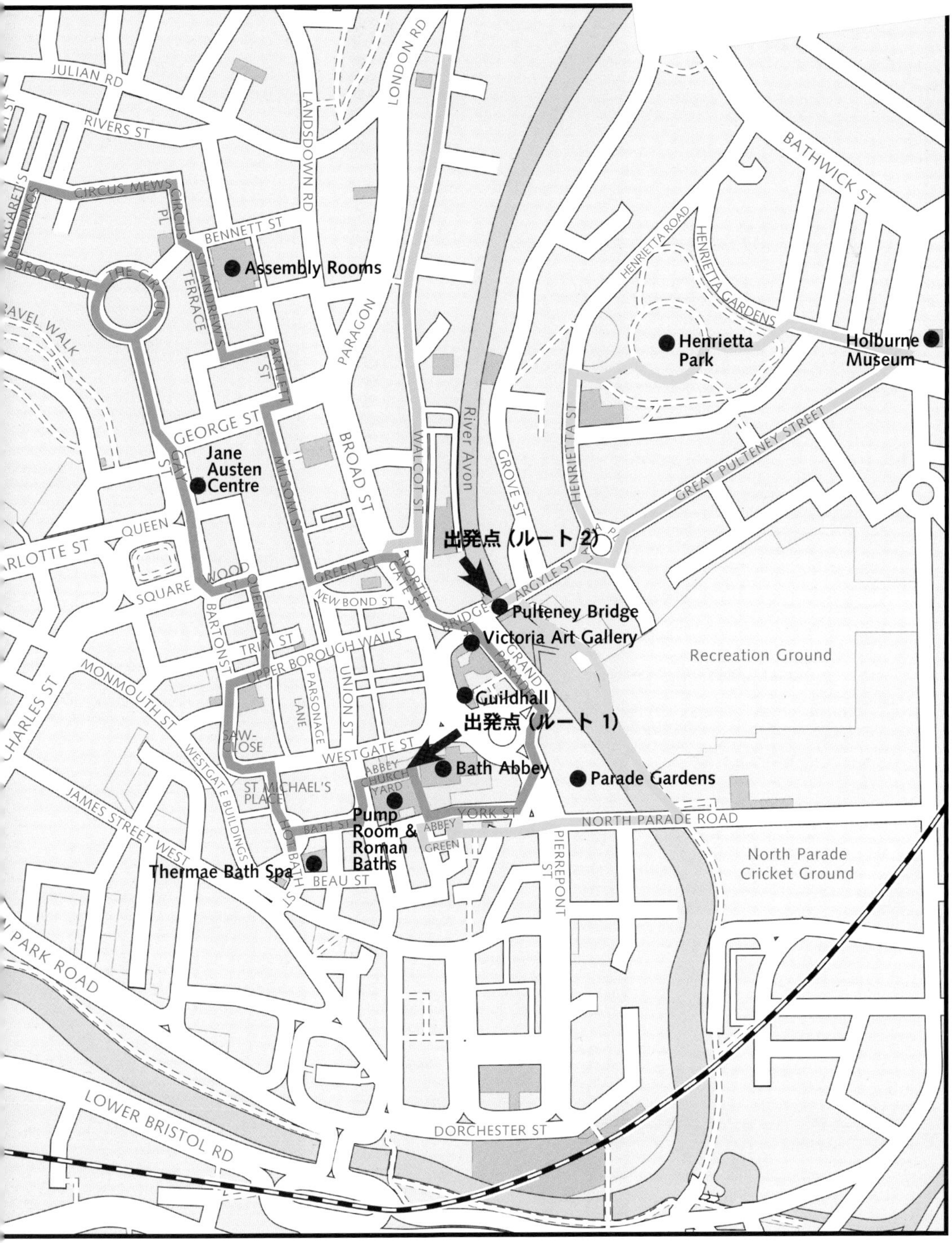

JULIAN RD
RIVERS ST
CIRCUS MEWS
MARGARET'S BUILDINGS
CIRCUS PL
BENNETT ST
LANDSDOWN RD
LONDON RD
BROCK ST
THE CIRCUS
GRAVEL WALK
ST ANDREW'S TERRACE
Assembly Rooms
PARAGON
BARTLETT ST
GEORGE ST
GAY ST
Jane Austen Centre
MILSOM ST
BROAD ST
WALCOT ST
River Avon
GROVE ST
HENRIETTA ST
HENRIETTA ROAD
HENRIETTA GARDENS
Henrietta Park
BATHWICK ST
Holburne Museum
GREAT PULTENEY STREET
LAURA PL
ARGYLE ST
出発点（ルート 2）
Pulteney Bridge
BRIDGE
NORTHGATE ST
GREEN ST
NEW BOND ST
QUEEN SQUARE
CHARLOTTE ST
WOOD ST
QUEEN ST
BARTON ST
TRIM ST
UPPER BOROUGH WALLS
Victoria Art Gallery
GRAND PARADE
Recreation Ground
MONMOUTH ST
CHARLES ST
SAW-CLOSE
LANE
PARSONAGE
UNION ST
Guildhall
出発点（ルート 1）
WESTGATE ST
ABBEY CHURCH YARD
Bath Abbey
Parade Gardens
ST MICHAEL'S PLACE
WESTGATE BUILDINGS
JAMES STREET WEST
Pump Room & Roman Baths
BATH ST
HOT BATH ST
YORK ST
ABBEY GREEN
NORTH PARADE ROAD
PIERREPONT ST
North Parade Cricket Ground
Thermae Bath Spa
BEAU ST
PARK ROAD
LOWER BRISTOL RD
DORCHESTER ST

バースへようこそ

バースにたどり着き、バースの町を見て、バースに魅了されたのがローマ人だった。彼らは約 2000 年前にこの緑豊かな渓谷に到着し、湧き続ける不思議な温泉に心を奪われ、4 世紀にわたってこの地にとどまった。慎重に修復が施されたローマ時代の浴場と神殿の複合建築遺跡には毎年何十万人もの観光客が訪れ、社会的にも歴史的にも今なおバースの中心的存在となっている。ジョージ王朝時代には、上流階級の人々が温泉につかりにバースを訪れた。現在、旧ローマ浴場に近いところにスパーが新オープンしており、人々は再び天然の鉱泉につかることができる。洒落たショップとレストラン、美術館と博物館、活気あふれる町に伝えられる長い歴史など、ほかにもバースの魅力は尽きない。

バース小史

癩病のブレーダッド王子が紀元前 863 年にバースの鉱泉水の湯治効果を発見したというのは伝説にすぎないかもしれない。だが、石器時代と青銅器時代に人々はこの渓谷に暮らし、西暦 43 年にローマ人がこの地にたどり着き、浴場を持つ複合神殿の建立を開始する以前に、ケルト人がここに集落を築いていた。西暦 410 年にローマ人が撤退すると、サクソン時代になる。バースの町にこの名をつけたのはサクソン人だった。973 年にイングランドの最初の国王エドガーは、ここバースで戴冠式を執り行った。

壮大な中世の大聖堂は 12 世紀初期にジョン・ド・ヴィルラ司教により建設が開始された。同司教は、ローマ人の浴場が姿を消してから久しく経っていたため、源泉の上に新しい浴場を建てることも命じた。1166 年までには完成した荘厳なノルマン様式の教会は結局荒廃し、浴場も崩壊した。1499 年に、現在のアビーを創設することになったオリヴァー・キング司教は、教会を再建するよう夢でお告げを受けた。建設はその 40 年後にヘンリー 8 世によって中止されたが、エリザベス 1 世の時代に再開し、1617 年に現在のアビーが完成した。

1702 年と 1703 年の二度にわたりアン女王がバースを訪れたことが、浴場整備に勢いをつけることになった。1703 年にリチャード・ボー・ナッシュ（「ボー」の通称で知られた伊達男）がバースにやって来て、社会秩序を確立させた。また、建築家ジョン・ウッドと起業家ラルフ・アレンはパラディオ様式の美しい町を建設した。1771 年にアッパー・アセンブリー・ルームが、そして 1795 年に現在のパンプ・ルームがオープンした。ジェーン・オースティンは 1801 年にバースに移ってきた。バースを舞台にした 2 つの小説『ノーサンガー寺院』と『説きふせられて』では、辛辣な目で捉えたバースの様子が鮮やかに描写されている。

流行は移り変わった。だが、19 世紀にバースが経験した観光産業の衰退は、1880 年にローマ浴場の複合建築が再発見されると一変し、浴場跡はバース市によって修復が施された。二度の世界大戦は当然被害をもたらしたが、20 世紀後半にはバースは再び世界の注目を集めるようになった。1987 年に世界遺産に指定され、毎年数百万人の観光客が訪れている。

アビー・チャーチ・ヤード

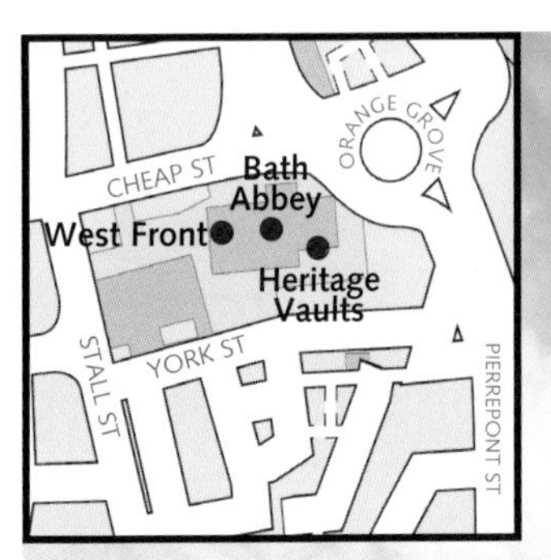

この大広場は、バース・アビー、ローマ浴場跡、パンプ・ルーム、ショップやレストランに通じている。ストール・ストリートから優雅なコロネードの下を歩けば、アビー西正面を望むことができる。ここでは、「生きている彫像」や器用なワンマンバンドから名演奏家にいたるまで、数多くの大道芸人がパフォーマンスを演じている。社会解説者で著述家のダニエル・デフォーは 18 世紀初期のこの一帯を、「賭け事と駆け引きと軽率の地」という好ましくない場所として描写している。現在ナショナル・トラストがショップを経営している高さのあるパラディオ様式の建物には、かつて、陸軍司令官で一時期バース選出の国会議員を務めたジョージ・ウェード陸軍元帥が住んでいた。

バース・アビー

西から内側に大量の光が差し込むため「西のランタン」と呼ばれているバースの教区教会は、名前だけアビー（大修道院）がついている。1539 年にヘンリー 8 世が大修道院の解散を命じたことで修道院としての地位を失った。再建を命じたのはエリザベス 1 世で、今日見られる教会は 1617 年になってようやく完成した。以来、バースの教区教会となっている。ロバートとウィリアムのヴァーチュー兄弟が手掛けた扇形ヴォールト天井が素晴らしい。

エドガーの窓

かつてここに建っていたサクソン時代の小さな修道院は、統一イングランドの最初の国王エドガーが戴冠式の場として選んだ場所だった。アビーの東壁にある「エドガーの窓」には、973 年の聖霊降臨日に戴冠式が執り行われる様子が

エドガーの窓

アビー・チャーチ・ヤードの大道芸人

描かれている。今日の戴冠式は、1000 年以上も昔に行われた最初の儀式に基づいている。身廊にある精緻な装飾を施された墓所は、1608 年から 1616 年にかけてバースおよびウェルズの主教を務めたジェームズ・モンタギューのものである。

西正面

はしごを登り降りする天使と二本のオリーブの木は、1499 年に天国と地上を行ったり来たりする天使とオリーブの木の夢を見たと言われているオリヴァー・キング司教の幻視を表している。司教はオリーブの木を、自分こそが荒廃したノルマン時代の大聖堂である修道院を再建する人物である表象と受け止めた。建設が開始されたが、40 年後にヘンリー 8 世によって中止された。扉の両側には、バース・アビーが奉献された聖ペテロと聖パウロの彫像が立つ。

バース・アビーの西正面

アビーに見られる天使の彫刻

記念碑

アビー（大修道院）は、その記念碑や壁の飾り板で有名である。南の身廊の通路には、18世紀に温泉街としての評判の確立に貢献したボー・ナッシュの埋葬場所がある。聖アルフェッジの礼拝堂は、カンタベリー大主教となり、11 世紀初頭に殉教したバースで最も有名な修道院長を記念するものである。ローレンス・ティンダルによるキリストの復活の彫像は南東の扉の近くにある。

パンプ・ルーム

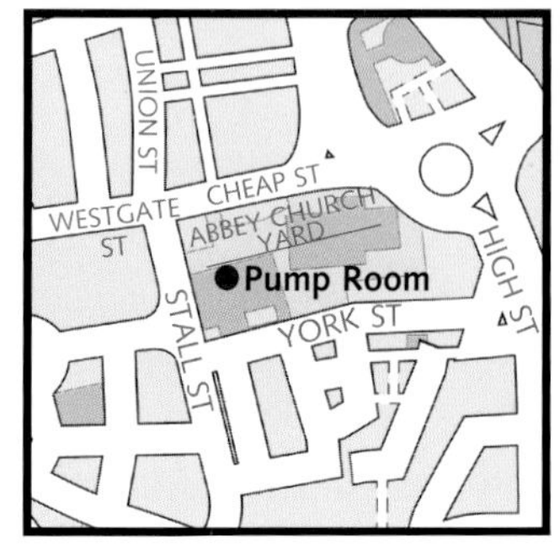

ペディメント上の銘にはギリシャ語で「水は最良」と刻まれているが、硫黄を含んだ水をひと飲みしたら考えが変わるだろう。1706 年、バースの上流階級の人々は毎日ここにやって来て、温泉につかっては雑談を楽しんだ。グレート・バスを見下ろす現在の優美な部屋は 1795 年にオープンされたもの。パンプ・ルーム・トリオや専属ピアニストの演奏を聴きながら、モーニングコーヒー、アフタヌーンティー、ランチ、バース・バンを楽しむことができる。

ボー・ナッシュ

パンプ・ルームの壁面高所に見られる派手な人物の彫像はリチャード・ボー・ナッシュ（「ボー」は通称で伊達男）。彼は軍隊と法曹界を落伍したプロの賭博師で、1703 年にバースの町にやって来て、バースの社会構造を変革し始めた。既にアン女王が鉱泉水は健康によいことを認めていた頃で、バースの管理者となったナッシュは、ここを訪ねる人々がどのように行動し、どのように身なりを整え、どのように振舞うべきかの決まりを定めた。彼は刀剣と決闘を禁止し、雑然とした小さな町を、社交界の人々が楽しめる安全で洗練された場所に変容させた。

パンプ・ルーム

「奇跡」の治癒

バースの有名な温泉のミネラルウォーターはパンプ・ルームと近くの源泉で低料金で味わうことができる。以前は、この水が驚くほど多くの病気、痛風、リウマチ、麻痺、喘息、痙攣、かゆみ、黄疸、かさぶた、不妊症などを治すと言われていた。

ローマ浴場跡

地下から湧き出る温泉を発見したのはローマ人が最初ではなかったが、彼らはこの途方もない鉱泉を十分に活用した。2000 年前にローマ人が侵略してきたとき、先住ケルト民族は既に源泉で女神スリスを崇拝していた。最初は対立状態が続いた。だがローマ人が、くつろぎを目的とした豪華なスパーと、彼らとケルト人が宗教儀式を執り行い、ローマ神話の知恵と癒しの女神ミネルヴァとスリスが一つになったスリス・ミネルヴァを崇拝する神殿を建てたのを機に平和が訪れた。

ふんだんな鉱泉水

鉱物を豊富に含むバース中心部の 3 つの源泉で、摂氏 46 度の温泉が毎日 100 万リットル以上も湧き出ている。今日目にする鉱泉水は最初、何万年以上も昔にメンディップ丘陵で雨となって降った。

ローマ浴場跡

浴場

工学技術を用い、内側に鉛を張った石の大貯水池に鉱泉水を送って浴場に給湯するのはローマ人にとって難しいことではなかった。今でも見られる排水路により、余った水はエイヴォン川に流し戻された。3 つのプールがそれぞれ前回のものよりも立派に建てられ、そこに人々が集まって泳ぎ、取引を行い、賭け事や勝負事をし、余興を楽しんだ。床下から加熱する 2 つの「トルコぶろ浴場」(蒸しぶろ) では、汗を出して垢を滲出させることができた。

ローマ浴場跡

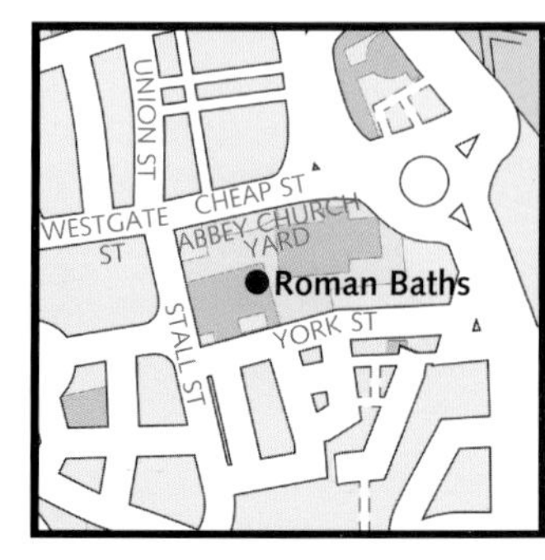

スリス・ミネルヴァの神殿

覆いのない中庭に、4本の大円柱が支持する堂々たるローマ神殿が建てられた。中央ペディメントからは、水の神とゴルゴーンを組み合わせた恐ろしい頭像が不気味に睨みつけていた。内側には、絶えず輝く光彩の中で、金箔を被せた優美な女神スリス・ミネルヴァの青銅製彫像が立っていた。女神に向けて、数多くの装身具やコイン、軟鉛板に走り書きされた嘆願などの奉納物が水の中に投げ込まれた。

キングズ・バス

ローマ人の撤退後、浴場は沈泥で覆われ、神殿と浴場からなる複合建築の栄華は忘れ去られた。だが、温泉の湯治効果の話を伝え聞いた11世紀のジョン・ド・ヴィルラ司教は、残っている石を使って、ローマ時代の旧貯水池の上に新しいプールであるキングズ・バスを建てることを思いついた。司教はプールを罹患者の益に供させることを意図したが、歴史家によれば、ここは裸で泳ぎ卑猥な振舞いに満ちたあさましい舞台となり、それを見物人が嘲りからかって、見苦しい見世物の場と化した。

グレート・バス

ジョージ王朝時代

18世紀には、バースを訪れて温泉につかるのが流行になった。朝のひと浴び、パンプ・ルームに出向き無理やり飲むコップ一杯の鉱水、社交的な朝食会、多分コーヒー、あるいはショッピングに続いて、昼食会と散歩。そして、休憩後にアッパーまたはロワーのアセンブリー・ルームに出かけたり、観劇や舞踏会を楽しみ、あるいは賭博場に集まった。

ゴルゴーン

サーキュラー・バス

スリス・ミネルヴァ

ローマ人

チャーチ・ヤードでここには、ローマ時代の神殿で崇拝された女神スリス・ミネルヴァの美しい頭像が収められている。ほかにも数多くの遺物、彫刻、モザイク、(ローマの遺跡が)近くに展示されている、浴場と神殿を中心に出来上がったローマ時代のアクア・スリスでの生活を垣間見ることができる。

不思議な癒しの力

伝説によれば、温泉の湯治効果を最初に発見したのは、病のために王国を追われて豚飼いとなることを余儀なくされた癩病のブレーダッド王子だったという。彼は、豚が水の中で転げまわった後に腫れ物が消えたことに気づき、自分も試してみた。彼の癩病は消えてなくなり、王国を取り戻して、その後リア王の父となった、といった風に伝承されている。

テルマエ・バース・スパ

バースでは、3 箇所にあるヘトリング・スプリング、クロス・スプリング、キングズ・スプリングの天然の源泉から、湯気を立てて鉱泉が湧き続けている。今、人々は再び温泉につかることができるようになった。1978 年以来初めてのことである。ここは英国で唯一の泳げる天然の温泉だ。ミレニアム記念行事の助成金によってヘトリング・コートにある古代の建物の修復が可能になり、現在テルマエ・バース・スパーとして生まれ変わり、屋上にプールが設けられている。

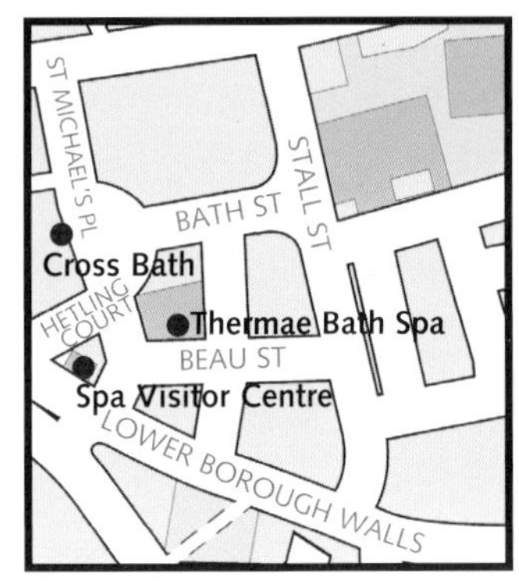

ヘトリング・コート

優美なコロネードのあるバース・ストリートを行けば、修復されたヘトリング・コートの一角にたどり着く。ここには、英国のどこよりも心地よい空間の一つが生まれている。建築学的に傑出した石造

ガラス張りのテルマエ・バース・スパーには、クロス・バスとホット・バスを含めて見事に修復された歴史のある浴場と、新設されたプール、スチーム・ルーム、マッサージ・ルーム、トリートメント・ルームがある。

テルマエ・バース・スパー

スパーの屋上プール

ソークロース

ソークロースには美しい小さなシアター・ロイヤルがある。バースのこの一帯の旧街路には歴史と魅力が詰まっていて、探索する価値がある。

ホット・バス
これは、18 世紀のバースの魅力づくりに貢献したジョン・ウッド(子)の作品だが、おそらく偉大な建築家は、今日ここで提供されている驚くような新トリートメントに目をみはることだろう。数あるトリートメントの中で、Watsu(ワツ＝水中指圧)やリラクゼーションのボディーラップを楽しんだり、高山性の乾草を使ったセラピーのクラクセン・ストーヴを試すことができる。

スパー・ビジター・センター
ヘトリング・パンプ・ルームには自由に使えるディスプレイが設置されていて、バースの温泉の歴史が紹介されているほか、優れたオーディオガイドも用意されている。

クロス・バス
修復されたクロス・バスは独立した第一級保存指定建造物で、ホット・バスと同様に、かつてローマ時代にはここで神々が崇められた。

デーヴィッド・ギャリック

シアター・ロイヤル
劇場は、18 世紀の役者で当時人気者だったデーヴィッド・ギャリックにちなんで名づけられた劇場パブのギャリックス・ヘッドとポップジョイズ・レストランにはさまれて建つ。ここは、国内で一番多く幽霊が出没する劇場として知られている。ジャスミンの強い香りを漂わせながら特等席の周りを歩き回るのが好きなグレー・レイディと、俳優にしか見えないドアマンがいる。死んだ蝶を見たら、災難が起こりつつあると言われている。

トリム橋
トリム・ストリートのアーチ道はトリム橋と呼ばれることが多い。だが、実際のトリム橋は足元にあり、かつては市の排水溝を横切っていた。アーチ道のセント・ジョンズ・ゲートは、丸石を敷いた石畳の道、パブ、珍しいショップがあるクイーン・ストリートにつながっている。

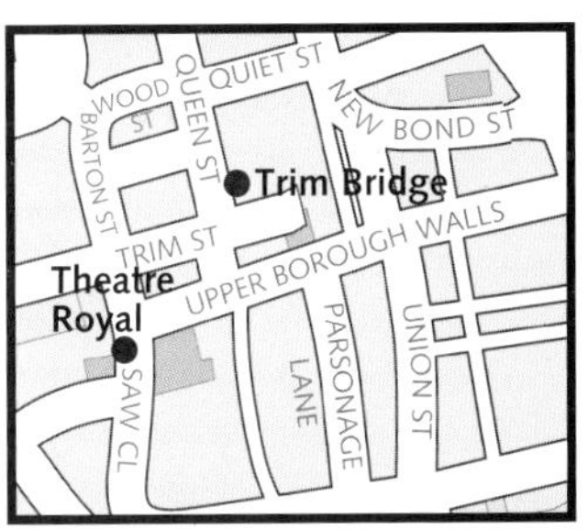

シアター・ロイヤル

QUIET STREET

「クワイエット」なジョン・ウッド
建築家ジョン・ウッドは、彼の最初の大プロジェクトであるクイーン・スクエアに続く街路を含めて、バース市内で多くの設計を手掛けた。彼はこれらの小さな街路にしきりに名前をつけたがっていた、ということだ。彼は自治体開発局の会議を中断させて街路名を要求し、我慢できなくなった委員長が、「クワイエット（黙れ)、ジョン・ウッド！」とどなった。ウッドはお辞儀をして部屋を立ち去り、クワイエット・ストリート、ジョン・ストリート、ウッド・ストリートと彫った新たな石材 3 個を注文した。

クイーン・スクエア

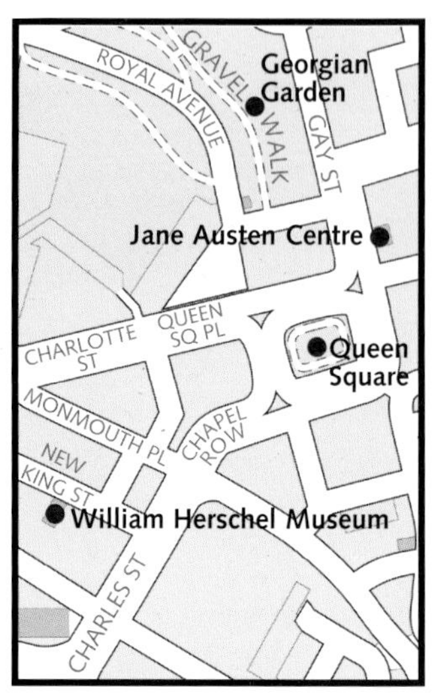

大工で建築家、そしてローマの栄華に果てしない情熱を抱いていたジョン・ウッドは 1727 年にバースにやって来て、イタリアの建築家アンドレア・パラディオに倣ってバースの町を再建することを決意した。彼は華麗な構想のクイーン・スクエアからプロジェクトを開始した。これは、英国内の町で最初に登場した統一された古典的空間の一つとなった。

クイーン・スクエア

この広場はジョージ 2 世妃のキャロライン王妃にちなんで名づけられている。庭園中央に立つオベリスクはフレデリック皇太子の訪問を記念するもの。北側の豪壮なパラディオ様式のファサードの後ろには 7 軒のタウンハウスが建ち、そのうちの 1 軒にジョン・ウッド自身が住んでいた。クイーン・スクエアに面したゲイ・ストリート 41 番地にも青銅の銘板がはめ込まれている。ここには、やはりジョンと呼ばれて、父の仕事を継続させたウッドの息子が住んでいた。

起業家

ジョン・ウッドは、地元の実業家ラルフ・アレンが付近のクーム・ダウンの作業場を取得したのと時期を同じくしてバースにやって来た。新建築に使用された柔和な蜂蜜色の石灰岩が切り出されたのがクーム・ダウンである。郵便制度を改革して財を成したアレンは現金を野心的なバース再建事業に注ぎ込み、第二の富を築いた。

クイーン・スクエア

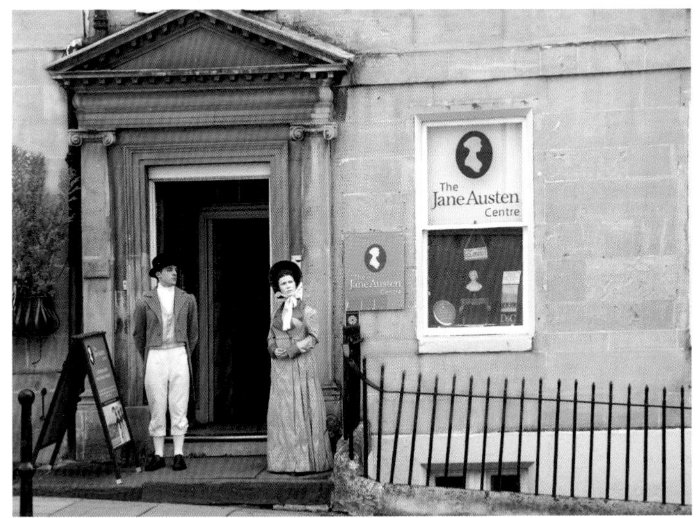

ジェーン・オースティン・センター

ジェーン・オースティン・センター

バースに住んだあらゆる著述家の中で、ジェーン・オースティンほど知られている人物はいない。ジェーンがしばらくの間暮らしていた家に近いゲイ・ストリートのジェーン・オースティン・センターでは、バースにおける彼女の生活が紹介されている。以前に二度バースを訪れたことがあり、1801 年から 1806 年にかけて 5 年間バースに暮らしたことにより、彼女はうわべだけの理解を越えて、バースの人々と社交生活を深く理解するようになった。粋なジョージ王朝時代の社会に対する彼女の観察力は必ずしも情け容赦のあるものではなく、目にした俗物根性と気取りを遠まわしに批判した。

グラヴェル・ウォークとジョージアン・ガーデン

クイーン・スクエアを出て心地よい木陰が続く小道を行くと、ロイヤル・クレセントにたどり着く。ここはジョージ王朝時代の人々が散策を楽しんだところだ。グラヴェル・ウォークの近くに広がるのは修復されたジョージアン・ガーデンで、1760 年頃の様子が再現されている。当時の植栽が見られるこの平和な小庭園は毎日オープンしており、腰を下ろしてくつろぐことができる。

ジョージアン・ガーデン

ウィリアム・ハーシェル博物館

「これまでの誰よりも宇宙を詳しく調べてきた」と言ったハーシェルは、やはり高名な天文学者で天分に恵まれた音楽家でもあった姉妹キャロラインと共にニュー・キング・ストリートの家に暮らした。1781 年に彼らが天王星を発見したのはこの家でだった。

グラヴェル・ウォーク

バースが舞台の小説

バースを舞台にしたジェーン・オースティンの 2 つの小説に登場するヒロイン、『ノーサンガー寺院』の世間ずれしていないキャサリン・モーランドと『説きふせられて』の控えめなアン・エリオットが歩いた街路、楽しく時を過ごした公共建物は今もバースの町にある。

ザ・サーカスとロイヤル・クレセント

ゲイ・ストリートの突き当たりにある並外れて壮麗な円形広場がジョン・ウッド（父）によるザ・サーカス。見事な円形を成す家並みは有史前の環状列石に対する関心から生まれたもので、ローマのコロシアムに似せて設計された。近くにはブロック・ストリートに沿って、ジョン・ウッド（子）が手掛けたロイヤル・クレセントが大きな弧を描いている。これは丘の斜面に立ち、市内全体を見渡すことができる。

ザ・サーカス

ザ・サーカス

ザ・サーカスはジョン・ウッドの傑作だった。情熱と執着を注ぎ込み、3 列で内向きに建てられた 33 軒の家々が湾曲して円形を成すこの設計を手掛けたとき、彼は、クイーン・スクエア、ノース・パレード、サウス・パレード、その他バース市内の多くを完成させていた。地上階がドーリス様式、中央階がイオニア様式、上層階がコリント様式の 3 段になった対の円柱を見事に組み合わせて古典様式のオーダーが使われている。欄干を飾る彫刻のどんぐりは、ブレーダッド王子と彼の豚の伝説 (9 ページ) を表していると考えられる。フリーズの彫刻は時の偉業を表し、フリーメイソンの象徴がいくつか見られる。ウッドは工事が開始されて間もない 1754 年に死去し、息子の手によりザ・サーカスは完成された。

ザ・サーカスのどんぐり

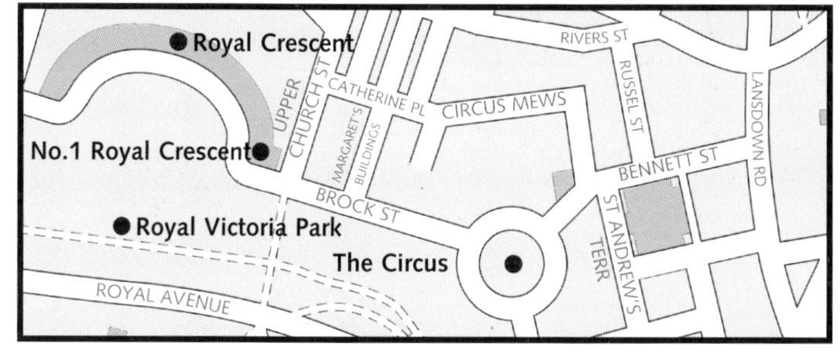

ロイヤル・クレセント

1766 年にザ・サーカスが完成するや否や、ジョン・ウッド（子）による素晴らしいロイヤル・クレセントの工事が開始された。30 軒のテラスハウスがイオニア様式の大円柱で見事につながり、野原を越えてエイヴォン川流域の上に広がる丘陵までを一直線に見渡している。家々の下の芝生は、動物や無許可の人々が迷い込むことのないように、境界に溝を掘ってその中に造った隠れ垣により今でも公園とは分けられている。

ロイヤル・クレセント 1 番地

1769 年に完成したこの家はトマス・ブロックに賃貸された（ブロック・ストリートの名は彼にちなむ）。現在はバース保存トラストにより修復されて博物館となっており、壮麗なジョージ王朝時代の家々の内側がどのようだったかを見学できる。

ロイヤル・ヴィクトリア・パーク

この公園はヴィクトリア女王に敬意を表して名づけられた。伝えられるところによると女王はバースをたいそう嫌い、列車で市内を通過しなければならないときには客車のブラインドを引くように命じた。活気に満ちた 23 ヘクタールのこの公共のスペースには、植物園、子供の遊び場、定期飛行する熱気球の発射台がある。

はかない恋

ロイヤル・クレセント 11 番地の壁には、歌手でバースの人気者だった 18 歳の美しいエリザベス・リンリーがこの家から劇作家のリチャード・ブリンズリー・シェリダンと駈け落ちしたことを記念する銘板がある。二人の恋はハッピーエンドにはならなかった。シェリダンは名声を築いたが財産に無頓着だった。一方エリザベスは彼の背信行為で悲しみに暮れ、消耗性疾患で 1792 年に 38 歳で死んだ。

ロイヤル・クレセント 1 番地

ロイヤル・クレセント

アッパー・タウン

町のこの区域には、ジョン・ウッド（子）の作品であるアッパー・アセンブリー・ルームが 1771 年にオープンして人気を集めたベネット・ストリート、セント・アンドリューズ・テラス、ミルサム・ストリートなどがある。精巧な蝋燭差しと、かつて輿の灯火を消すのに使われた円錐形の「蝋燭消し」を外側に取りつけた家がある。

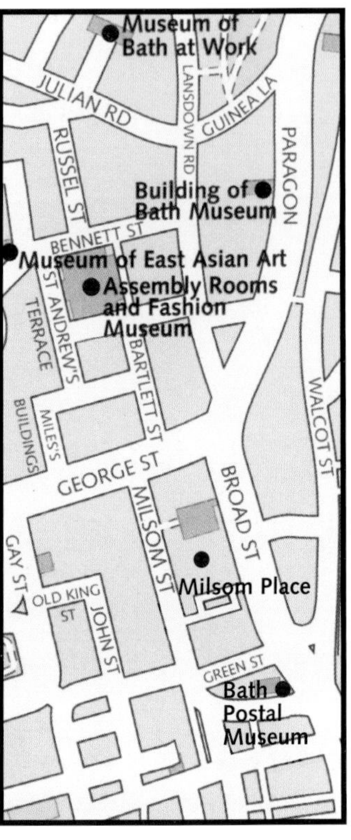

東アジア美術館

アセンブリー・ルームと流行博物館

出入り自由なこの品格あるラウンジのオープニングを記念する「グランド・リドット（大社交懇親会)」で紳士 1 名と婦人 2 名が入場できる旧 1,201 ギニーのチケットが売り出され、ゲストは踊り、音楽に耳を傾け、トランプで遊び、社交を広げ、お茶を飲んで楽しんだ。舞踏室、八角形のトランプ室、夜会室では今でも多くのイベントが催されている。低くなった一階は博物館となっていて、16 世紀から現代にいたるまでの流行を紹介する世界的に名高い素晴らしいコレクションが収められている。

東アジア美術館

紀元前 5000 年からの中国、モンゴル、朝鮮、タイ、日本、チベットの美術品を集めた宝庫。展示品は、ベネット・ストリートのジョージ王朝様式の建物を改造した 4 つのギャラリーに収められている。

アセンブリー・ルーム

バース建設博物館

ハンティンドン女伯爵の素晴らしいゴシック様式の礼拝堂の中には、バースが田舎の温泉町からジョージ王朝時代の壮麗な町へと変容する様を紹介する展示が収められている。ジョン・ウッドのバース建設計画と、どのようにして家々が建てられ装飾が施されたかを正確に知ることができる。

ミュージアム・オブ・バース・アット・ワーク

ジュリアン・ロードまでちょっと歩けば、ヴィクトリア時代の技師、真鍮鋳物師、呼び鈴職人、ガス工事人、錠前師、炭酸飲料メーカーだったボウラー氏の仕事ぶりを見学することができる。97 年にわたる彼の同族経営会社がバース産業遺産センターに再現されている。

鉱泉病院(オールド・ボンド・ストリート)

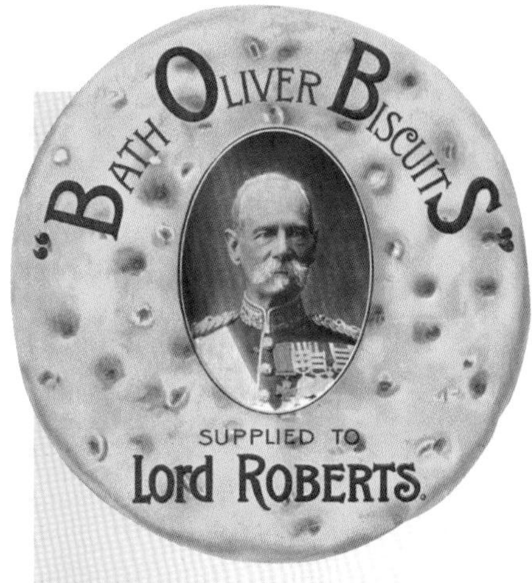

ビスケットを賞味

バース・オリヴァーは 18 世紀に、こってりした食事の負担を軽くするものとして鉱泉病院のウィリアム・オリヴァー医師が考案したビスケット。現在病院はリウマチ性疾患を専門としている。また、バース・オリヴァーは夕食時の楽しみとなっている。

ミルサム・ストリート

バースを代表するこのショッピング街には、1831 年にバース・エンポリウムとしてジェームズ・ジョリーがオープンしたジョリーズ百貨店を始めとする店舗の素晴らしい建物正面がいくつか並ぶ。ミルサム・ストリートの外れには路地や小道が交差していて、小さな店舗やカフェが軒を連ねている。

シャイヤーズ・ヤード

シャイヤーズ・ヤード

ミルサム・ストリートとブロード・ストリートの中間にあり、かつてここには、一時期市長を務めたウォルター・ウィルトシャーの厩舎があった。現在は二層建てで、中庭を囲むカフェとショップがある。

ミュージアム・オブ・バース・アット・ワーク

バース郵便博物館

ノースゲート・ストリートにあるこの素晴らしい博物館は、世界で初めて郵便切手（1840 年発行の世界初の切手ペニーブラック）を貼った手紙が投函された地点の近くに建つ。古代から現代にいたるまでの書状、送料、配達の歴史が紹介されている。英国の郵便制度を改革し、バース再建の中心人物となったラルフ・アレンの紹介にあてられている特別コーナーがある。

ウォルコット・ストリート

主なショッピング街を少し外れると、片側に丘陵の急斜面を望み、その反対側に広いエイヴォン川の流れを一瞥できる静かな一角がある。ウォルコット・ストリートは「工芸地区」と呼ばれ、常にかなり型破りの区域となってきた。現在では、曲がりくねった通りに一風変わっていることの多い素晴らしい小店舗が並び、多くの観光客を惹きつけている。

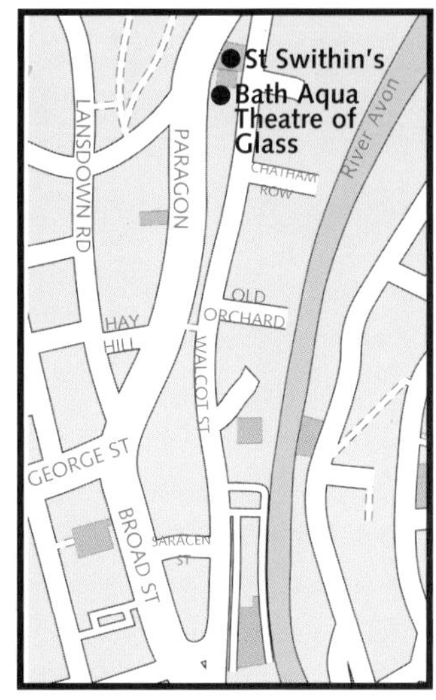

バース・アクア・グラス工房

劇的効果のある作業場で古代の工芸である宙吹きのステンドグラスが製造される様子を見学できる。職人が生み出すローマ時代のローマングラスと濃青色のブリストルグラスの影響を受けた作品は、教育意義があるのと同時に魅了される。毎日ガラス吹きが実演され、盛りだくさんの魅力で子供たちが飽きることはない。ガラス製造の歴史が博物館で説明されている。

バース・アクア・グラス工房

セントスウィジン教会

このウォルコットの教区教会は市内にある唯一のジョージ王朝時代の教会。ジェーン・オースティンの父のジョージ・オースティン牧師は、ここで結婚式を挙げ、1805年にここに埋葬された。サウス・パレードに住んだ小説家で日記作者かつ劇作家のファニー・バーニーもここに埋葬されている。その場所でのキリスト教徒の礼拝は、ローマ時代から行われていた可能性がある。最初の教会は、西暦971年後直後に建てられた。このサクソン人の教会の基礎はその地下室の床の下にある。

ウォルコット・ストリート

どこにもない場所

ウォルコット・ストリートの住民と店主たちは自分たちが別の国民だと考えている。それも不思議はない。かつて新しいバースの地図が作成された際に、ウォルコット・ストリートは通りごと忘れ去られた。この間違いを記念して、現在この通りでは「国民の日」を祝う街頭祝典が毎年催されている。

グランド・パレードとギルドホール

湾曲するグランド・パレードとジョン・ウッドのノース・パレードおよびサウス・パレードの広い舗道は、バースの上流階級の人々が、散歩し、川を見つめ、遊覧船に乗り込み、公園で腰を下ろしたところだった。

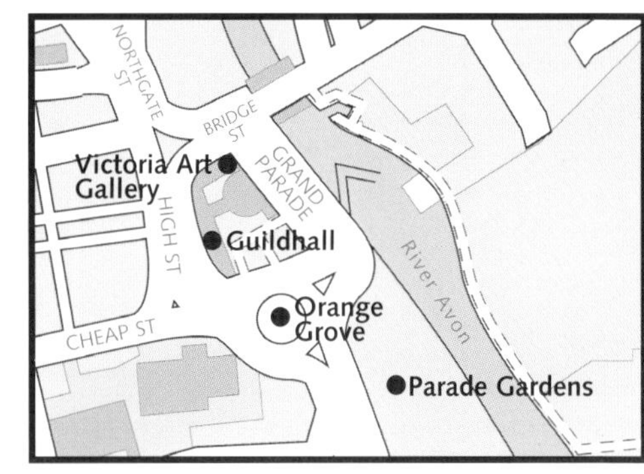

ヴィクトリア・アートギャラリー

二階のコレクションにはシッカート、ゲインズバラ、ターナーの作品が含まれている。三人ともかつてバースに住んでいた。一階には、この地方で最高の巡回展示プログラムの一つが収められている。外に立つヴィクトリア女王の彫像は、1900 年にギャラリーのオープンを記念してバースの婦人たちから贈られたものだ。

ギルドホール

ギルドホールは華麗な市の行事を執り行うために建てられた。階上で、ミンストレル・ギャラリー、堂々たるシャンデリア、装飾的な暖炉のある壮麗な宴会の間を見学できる。

オレンジ・グローヴ

樹木に囲まれ、中央にはボー・ナッシュが寄贈したオベリスクが立つこの一角は、ここが 1734 年に、慢性病に苦しむオラニエ公が湯治に成功したことを記念して建てられたことを知れば馴染みが深くなる。当時はショップやコーヒー店に囲まれた広場だった。

パレード・ガーデンズ

ここでは、ストライプのデッキチェアでゆったり過ごすことができる。整然とした野外音楽堂と手入れの行き届いた花壇は見事だ。静かにエイヴォン川が流れていき、パルトニー橋と堰堤の眺めを楽しめる。

ヴィクトリア・アートギャラリー

パレード・ガーデンズ

パルトニー橋とバースウィック

18 世紀後半、フランシス・パルトニーは川を越えてすぐのバース東部の田園地帯に、240 ヘクタールにわたって広がるバースウィック領地を相続した。ここに新古典様式の田園郊外住宅を建てるという彼女の夫の計画は、アメリカ独立戦争の騒動とフランスとの戦争勃発で実現しなかったが、それは、パルトニー橋とグレート・パルトニー・ストリート、そしてジェーン・オースティンが好きだったプレジャーガーデンが建設された後のことだった。ヘンリエッタ・ストリートとローラ・プレースはどちらも彼らの娘の名前にちなんでいる。ヘンリエッタ・ローラは領地を相続してバース女伯爵となった。

パルトニー橋

ショップが立ち並ぶパラディオ様式の橋は、エイヴォン川を越えて土地を開拓していこうというパルトニー家の計画の鍵となっていた。橋には現在、ロバート・アダムの最初の設計に従った大幅な修復工事が施されている。1773 年後半に完成したこの橋を設計するときに、アダムはイタリアのヴェッキオ橋とリアルトのイメージを明白に描いていた。広いエイヴォン川を越えた先にはアーガイル・ストリートが続き、当時この一帯には田園風景だけが広がっていた。

パルトニー橋

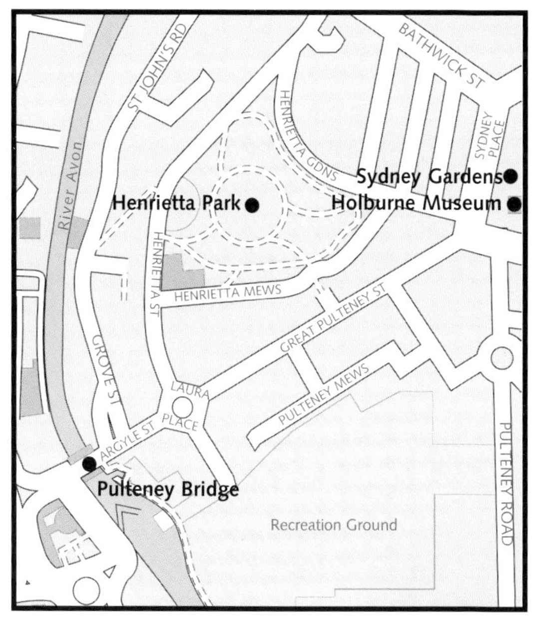

ホルバーン博物館

ヘンリエッタ・パーク

曲がりくねった小道が続き古木が立つ 2 ヘクタールのパークには、池とパーゴラが見られる平和記念庭園がある。これは、1936 年にジョージ 5 世を記念してバース市が寄贈したものだ。

ホルバーン博物館

ここはかつて、グレート・パルトニー・ストリートの外れで注目を集める壮麗なシドニー・ホテルの建物だった。鋭い観察眼で社会を描いたジェーン・オースティンの家族の住まいがあったシドニー・プレースは、その反対側に位置する。彼女が、かつて人気の高かったこの場所にやって来ては立ち去っていく人々をどのように捉えていたのかを知るのは興味深いことだろう。現在ここはホルバーン博物館になっていて、英国で最高の小博物館の一つと称されることが多い。銀器、彫刻、家具、磁器のほか、ゲインズバラ、グアルディ、スタッブズ、ターナーの作品を含む絵画の豊富なコレクションを所蔵している。

ヘンリエッタ・パークの記念庭園

シドニー・ガーデンズ

グレート・パルトニー・ストリートの外れに位置する美しい庭園はジェーン・オースティンのお気に入りの場所だったことは周知である。複雑な迷路（道順を見つけられるように地図が売られていた）と曲がりくねった小道は、中上流のおしゃべり階級にうんざりすることの多かった彼女が逃げ込む絶好の場所となった。当時はここで、音楽（彼女は音楽が嫌いだった）や花火で祝祭が催された。庭園にはケネット＆エイヴォン運河を渡る歩道橋とローマ時代のスリス・ミネルヴァの神殿のレプリカがあり、今でも同じように楽しい時を過ごすことができる。

若き相続人

ホルバーン博物館に数多く収められている名画の中に、ヘンリエッタ・ローラ・パルトニーを幼い少女として描いたアンジェリカ・カウフマン作の印象に残る肖像画（1777 年）がある。彼女は白いガウンをまとい、摘みたての果実でいっぱいになったバスケットを下げている。

グレート・パルトニー・ストリート

ほぼ 15 年間にわたって、エイヴォン川に架けられたウィリアム・パルトニーの野心的な橋だけが、以前の交通手段であった渡し舟に代わり、バースウィックの田園地帯の小自作農地、水車場、プレジャーガーデンに通じていた。だが、1787 年にグレート・パルトニー・ストリートの建設が開始され、都市建築家トマス・ボールドウィンが描いた優美な邸宅は実現しなかったものの、この壮麗な通りを見ようと見物人が川を越えて集まって来た。

グレート・パルトニー・ストリート

この通りの名に使われている形容詞は適切だ。広い通りには 33 メートルの馬車道全長にわたって、高さのあるジョージ王朝様式の家が向き合って並んでいる。完全に真っ直ぐな道は長さ 370 メートルで、一方の端に旧シドニー・ホテル（現在のホルバーン博物館）とシドニー・ガーデンズが、他方の端にローラ・プレースがある。建築家トマス・ボールドウィンは、この壮麗な通りを彼の野心的な建設計画の「背骨」として設計した。だが、その計画は、1789 年のグレート・パルトニー・ストリート完成後に彼が財政難に陥ったときに消滅した。ここには、ナポレオン 3 世、フランス国王ルイ 18 世、英国の奴隷貿易を終了させたウィリアム・ウィルバーフォースなど多くの著名人が滞在もしくは居住した。

ローラ・プレース

アーガイル・ストリート、グレート・パルトニー・ストリート、ヘンリエッタ・ストリート、ジョンストン・ストリートが出会うのが、木が植わり、中央に噴水があるこの「環状交差路」だ。見逃せないのが、1866 年まで遡るヴィクトリア時代の珍しいペンフォールド郵便ポスト。これは設計者の J・W・ペンフォールドにちなんで名づけられたもので、グレート・パルトニー・ストリートにも別のペンフォールド郵便ポストがある。

パルトニー・ウィアー

橋の始めにある小さな階段を下りると川岸に着く。段になった場所から、かつて両岸の穀類製粉所と毛織物縮充工場に電力を供給していた堰堤を望むことができる。だが、下流方向に氾濫が繰り返されるため、1971 年に堰堤は楕円形構造に改築されて、以来人気のある観光スポットとなっている。

グレート・パルトニー・ストリート

ペンフォールド郵便ポスト

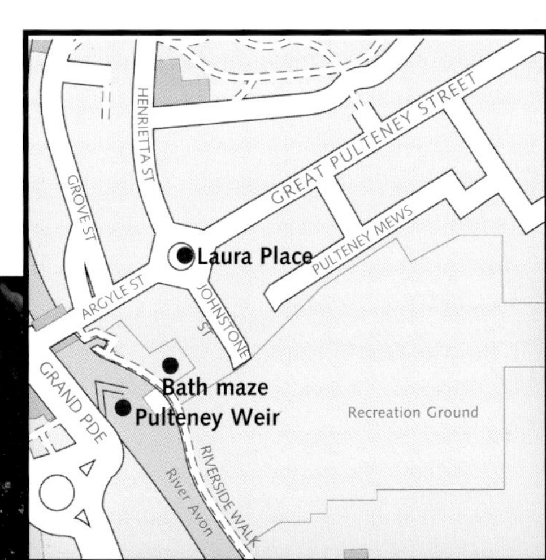

河畔の散歩

観光客も地元民も同様に楽しめるのがこの河畔の散歩で、対岸のアビーとパレード・ガーデンズを望むことができる。遊覧船に乗り込めば観光ツアーを楽しめる。あるいはベンチに腰掛けて、ただ川の流れを見つめて時を過ごすのもよい。

ノース・パレードに近い河畔

バースの迷路園

1984 年に芝地の中に設けられた迷路は堰堤に近い小さなビーザー・ガーデンズのほぼ全体を占め、子供たちに人気がある。曲がりくねって続くバース石の路の形状は、市内建物の優美な欄間と堰堤そのものに着想を得ている。中央にある精緻なモザイクには、ケルトとローマを表象するスリス・ミネルヴァの「ゴルゴーンの頭」が描かれている。

バースの迷路園

ノース・パレード

建築家ジョン・ウッド（父）は、古代ローマの建築建物の魅力に突き動かされて、バースに、それぞれが中央部を見下ろすテラスのある壮麗な建物に囲まれた「フォルム」（古代ローマの広場）を建設することを願った。かつてアビー・ガーデンズの沼地だった場所に建てられたノース・パレード、サウス・パレード、ピアポント・ストリート、デューク・ストリートは、この一大計画の規模が縮小されて、中央広場の建設が取りやめになる前に完成したものである。

テラス・ウォークの噴水

ノース・パレード

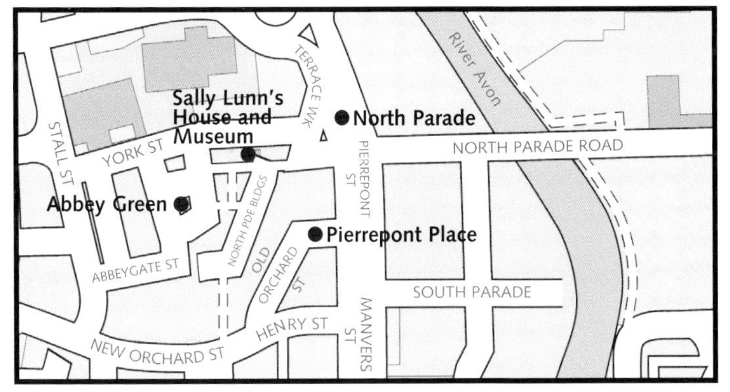

ノース・パレード

1740 年代に完成した 18 世紀のこの通りの広い舗道は、ファッショナブルなバースの町で、淑女たちが周囲を眺めながら、そして周囲の視線を集めながら、「気取った散歩」を楽しめるように設計されたものである。通りはエイヴォン川を横切り、階段を下りれば川沿いに遊歩道が続く。近くにあるテラス・ウォークとオレンジ・グローヴは現在では車の往来が激しいが、かつてはバースを代表する並木道で、新たに登場したパレード・ガーデンズを含めて散歩を楽しめる一角となっていた。

ピアポント・プレース

有能なリンリー一家はロイヤル・クレセントに移る前に、ドーリス式アーチに近い 1 番地に住んでいた（壁に青銅の銘板がはめ込まれている）。トマス・リンリーはハープシコード奏者で、バースで演奏会を企画した。彼には 3 人の子供がいた。息子のトマスはヴァイオリン奏者でモーツァルトの友人、娘のメアリーとエリザベスは天使の歌声だったと言われている。息子トマスはボート事故で 22 歳で死亡。美貌を謳われたエリザベスは新進劇作家のリチャード・シェリダンと駆け落ちした。

サリー・ランの家と博物館

サリー・ランの家と博物館

サリー・ランが誰なのかはあまり定かでない。だが、名誉なことにその名が冠されたこってりしたケーキは、観光客に人気が高い。ノース・パレード・パッセージの地階にある小さな博物館にはローマ時代の遺物が収められている。

アビー・グリーン

ジョージ王朝時代にバースの町がすっかり姿を変える以前には、12 世紀に創設された古代のセントピーター修道院が、当時壁をめぐらした町の 4 分の 1 を占めていた。今なお修道院らしい穏やかな雰囲気が漂う小さな一角は、ローマ浴場跡とアビーの南側にひっそりとたたずんでいる。これがアビー・グリーンで、中央のプラタナスの巨木が木陰を作っている。かつて古い修道院の門があった場所には石造アーチが建つ。

ラルフ・アレン

一時期は郵便局員、郵便局長、起業家、実業家だったラルフ・アレンは、ウッド家の父子と共にバースの建設で中心的役割を果たした人物で、ヨーク・ストリートの大邸宅に暮らした。ここは一般公開されていないが、郊外にある彼の館の造景庭園であるプライアー・パークを見学できる。これは、アレクサンダー・ポープと後にケーパビリティ・ブラウンの助言の下に 1734 年に建設が開始されたもので、パラディオ様式の橋、S 字形のものを含めて 3 つの湖、滝、ゴシック様式の神殿がある。ジョン・ウッドが設計した館は現在は共学校となっていて、一般公開されていない。

ヨーク・ストリートの外壁彫刻

インフォメーション

ロイヤル・ヴィクトリア・パークの気球

イベント情報

バースで開催される各種イベントのあらゆる最新情報は、ツーリスト・インフォメーション・センター（27ページ参照）で入手できます。

3月
バース文学祭（各所）
バース・ハーフマラソン

5～6月
バース国際音楽祭（各所）
バース・フリンジ・フェスティバル（各所、6週間にわたって200以上のパフォーマンスが繰り広げられる芸術祭）
バース&ウェスト・ショー

6月
サマセット州クリケット・フェスティバル（レクリエーション広場）

7月
「夏の夜」のコンサート（レクリエーション広場、一流のバンドやソリストが参加する野外コンサート）

7～8月
バース国際ギター・フェスティバル（各所）
灯火で見るローマ浴場

9月
ジェーン・オースティン・フェスティバル
バース・フード&ドリンク・フォートナイト

10月
バース映画祭

11月
バース・モーツァルト祭（各所）
ジェーン・オースティンのリージェンシー・クリスマス（ジェーン・オースティン・センター、ジョージ4世の摂政皇太子時代の衣裳・食事・ゲーム・装飾・余興を再現）

11～12月
クラヴァートンで祝うクリスマス（クラヴァートン館のアメリカ博物館）
バース・クリスマス・マーケット（キングストン・パレード／アビー・グリーン）

クラヴァートン館

バース郊外に建つクラヴァートン館には有名なアメリカ博物館がある。アメリカ国外で最高のアメリカ芸術コレクションと開拓史を紹介する品々を展示。毎年開催される「クラヴァートンで祝うクリスマス」では、初期の入植者たちがどのような装飾でクリスマスを祝ったかを窺い知ることができる。

博物館・美術館

アメリカ博物館と庭園 01225 460503, www.americanmuseum.org
バース・アクア・グラス 01225 428146, www.bathaquaglass.com
バース郵便博物館 01225 460333, www.bathpostalmuseum.org
バース建設博物館 01225 333895, www.bath-preservation-trust.org.uk
流行博物館 01225 477789, www.fashionmuseum.co.uk
ハーシェル博物館 01225 446865, www.bath-preservation-trust.org.uk
ホルバーン博物館 01225 388569 www.bath.ac.uk/holburne
ジェーン・オースティン・センター 01225 443000, www.janeausten.co.uk
ミュージアム・オブ・バース・アット・ワーク 01225 318348, www.bath-at-work.org.uk
東アジア美術館 01225 464640, www.bath.co.uk/museumeastasianart
ロイヤル・クレセント 1 番地 01225 428126, www.bath-preservation-trust.org.uk
ローマ浴場跡 01225 4777785, www.romanbaths.co.uk
サリー・ランの博物館 01225 461634, www.sallylunns.co.uk
スパー・ビジター・センター 01225 335678, www.thermaebathspa.com/spafacilities/spavisitorcentre
ヴィクトリア・アートギャラリー 01225 477233, www.victoriagal.org.uk

ツアー情報

下記を始めとする各種ツアーの情報は、ツーリスト・インフォメーション・センターまたは www.visitbath.co.uk で入手できます。

ブルーバッジ・ガイドによるツアー、ジェーン・オースティン・ツアー、ゴースト・ツアー、パブ・ツアー、ビザー・バース・ツアーなど、参加無料のウォーキング・ツアーが定期的に実施されている。アビー・チャーチ・ヤードのパンプ・ルーム前から出発。

バース馬車会社が実施する馬車ツアーがある。

パルトニー・ウィアー、ブロード・クエイ、シドニー・ウォーフを出発してエイヴォン川とケネット&エイヴォン運河をめぐる遊覧ツアーが定期的に実施されている。

ルート内のどこでも自由に乗り降りできる市内観光バスが運行されている。また、バースを出発して市内と近郊の観光スポットをめぐるコーチ・ツアーが実施されている。

夏季にはロイヤル・ヴィクトリア・パークから熱気球ツアーが毎日実施されている。

i バース・ツーリスト・インフォメーション・センター

Abbey Chambers,
Bath BA1 1LY
電話：0906 711 2000
（通話料 1 分 50 ペンス）
ホームページ：www.visitbath.co.uk

ショップモビリティ

自力での移動が困難な人のための電動車椅子および電動スクーターの貸し出し
4 Railway Street (バース・バスターミナルそば)
電話：01225 481744 (予約専用)

灯火で見るローマ浴場

7 月から 8 月にかけてローマ浴場跡は午後10までオープン。ゆらめく灯火の下で古代の浴場跡を見学できる（最終入場午後 9 時)。

表紙：ローマ浴場跡
裏表紙：サリー・ランの家と博物館

制作関係者への謝辞
写真 © Pitkin Publishing Ltd
(ニール・ジンカーソン)
さらに各機関／各氏の了承のもとに次の写真を掲載させていただきました：

Alamy, 6bl (Chris George), 10 (Adrian Sherratt), 17tr (Amoret Tanner); Bath Industrial Heritage Centre: 17; Bath & NE Somerset Council: 16cb; Bridgeman Art Library: 21cr; John Curtis: 11 both; Pitkin Publishing: 4, 7cr, 8 main, 9 all; Provincial Pictures: 2/3, 21tr, 24b, 25c, 26 both, BC; Museum of East Asian Art: 16cl; Roman Baths, Bath & NE Somerset Council: FC.

本書を制作するにあたって、バース&北東サマセット・カウンシルのパット・ダンロップ、マギー・ボーン、スティーヴン・クルーズの各氏よりご協力いただきました。感謝の意を表します。

執筆：アニー・ブレン（著者として道義上の権利を留保）
編集：アンジェラ・ロイストン
デザイン：サイモン・バロウ
写真調達：ジャン・キーン
地図：[シティ・マップ／パーク&ライド・マップ] ザ・マップ・スタジオ・リミテッド（英国ハンプシャー州ロムジー）、[ウォーキング・マップ] サイモン・バロウ、© George Philip Ltd による地図作成法を使用
翻訳：リンク・アップ三鷹

本体裁による出版
Pitkin Publishing 2007,
latest reprint 2013.

記載情報はすべて印刷時点において正確なものですが、その後変更されることがあります。

Printed in Great Britain.
ISBN: 978-1-84165-207-8 6/13

ピトキン・シティ・ガイド

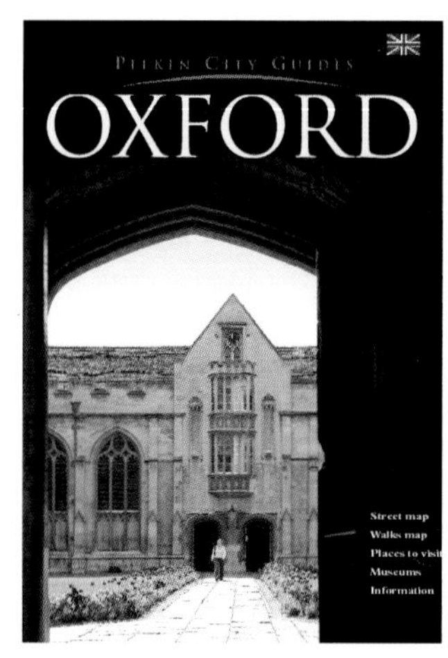

Pitkin Publishing Ltd, The History Press, The Mill,
Brimscombe Port, Stroud, Gloc, GL5 2QG, UK
電話：(照会受付) 01453 883300 ファックス： 01453 883233
Eメール：sales@thehistorypress.co.uk